DE LA POLITIQUE

EXTÉRIEURE

QUI CONVIENT A LA FRANCE.

A PARIS,

Chez PONTHIEU, au Palais-Royal, Galerie de Bois;
Et PÉLICIER, Place du Palais-Royal.

DE LA POLITIQUE

EXTÉRIEURE

QUI CONVIENT A' LA FRANCE.

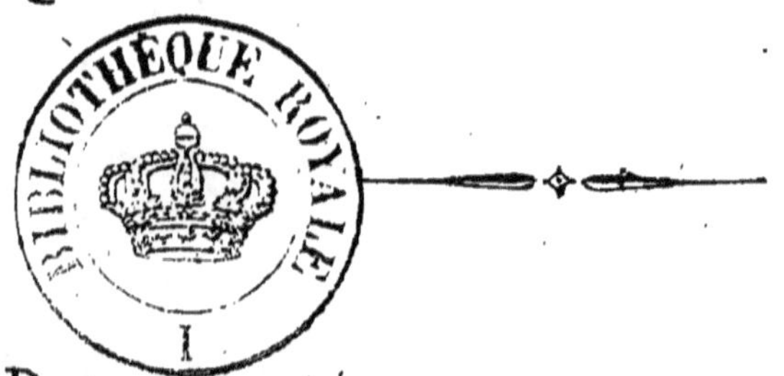

Depuis la restauration, nos affaires intérieures ont exclusivement attiré l'attention publique. La nature et la conduite des différens partis, leurs vœux et leurs efforts, leurs succès et leurs revers ont captivé seuls les esprits, et la politique domestique nous a distraits de la politique étrangère. Il semblait qu'il n'existât pour la France que la France même, et bien qu'à aucune époque l'Europe n'ait été sans influence sur nos destinées, nous avons tenu peu de compte de l'Europe ; c'est à notre gouvernement seul que nous avons su gré du bien, ou demandé raison du mal qui nous était fait. C'est un des caractères de notre nation que la préoccupation d'elle-même. De tout temps nous avons vécu dans une ignorance insouciante de ce qui se passait hors de chez nous. L'ascendant que de tout temps nous avons exercé sur le reste du continent par notre littérature, par nos mœurs, et naguère par nos armes, nous rendait indifférens, dédaigneux même envers des peuples imitateurs ou soumis. Dans ces dernières années, cruellement abandonnés par la fortune, nous aurions pensé nous faire injure, et manquer à notre rôle de nation opprimée, si nous eussions considéré de sang-froid et avec impartialité notre position et nos intérêts à l'égard des diverses puissances étrangères. L'unique attitude d'un peuple outragé nous semblait la haine, son unique intérêt, la vengeance. Nous n'avions pas assez de calme pour faire un choix parmi les nations, pour distinguer celles qui pouvaient être essentiellement et toujours nos ennemies, de celles que de passagères circonstances, qu'un juste ressentiment ou une ambition ulcérée avait un moment armées contre nous, mais que des circonstances permanentes, comme leur économie intérieure ou leur politique naturelle, devaient tôt ou tard rapprocher de la France.

Le temps a marché; il a désarmé l'orgueil, apaisé les ressentimens, dissipé les préventions. Les événemens en se développant ont mis au jour la vraie situation des peuples; et l'attention nationale a franchi les frontières. L'opinion publique a reconnu que l'Europe, que le monde est son domaine; et dèslors elle est devenue plus sévère, plus clairvoyante, plus animée, pour tout ce qui touche la politique étrangère. Depuis quelque temps surtout, le cercle de ses spéculations s'est beaucoup agrandi. Nous avons tous reconnu que les questions intérieures qui nous absorbent et nous divisent, sont des questions européennes, qui viennent se confondre et se résumer en une seule, celle de la guerre d'Espagne.

Dans cette question, en effet, il semble que la politique de la France gît tout entière. Du parti que l'on prendra dépend le choix de nos alliances, la direction de notre commerce, la forme même et la durée de nos institutions. La paix ou la guerre avec l'Espagne appartiennent à deux systèmes divers en tout, opposés dans leur but comme dans leurs moyens. La guerre serait le complément du système généralement suivi, bien qu'avec incertitude et non sans interruption, depuis la restauration de 1815; la paix serait le signal et le premier pas du système que, selon nous, on aurait dû suivre.

Il faut remonter à quelques idées générales.

Les guerres et les alliances sont déterminées par des motifs divers. Dans les temps ordinaires (et l'usage est d'entendre sous ce nom le siècle qui a précédé la révolution), ces motifs sont purement accidentels; jamais ils ne sont impérieux, essentiels, décisifs du sort des empires et des nations. Sans accuser la frivolité des gouvernemens modernes, sans croire qu'une tasse de thé renversée ait, par la disgrace de lady Marlboroug, amené la paix d'Utrecht, sans admettre pleinement que la vanité de la maîtresse de Louis XV, flattée d'un billet de Marie-Thérèse, ait seule décidé la désastreuse guerre de 1756; il est vrai de dire que les raisons qui, dans les derniers temps de l'ancienne Europe, ont séparé ou rapproché les états, n'ont pas toujours été d'une importance réelle pour les sujets, ni même pour les rois. L'ambition de la couronne, l'ennui d'un prince qui cherche une distraction dans la guerre, ou son orgueil qui a besoin de victoires, la vanité d'un ministre qui desire attacher son nom à une campagne ou à une paix glorieuse, l'oisiveté ou la prévention nationale qui demande un divertissement ou une vengeance ; voilà les causes qui, pour l'ordinaire, ont fait prendre ou quitter les armes. Les guerres les plus raisonnables, et qui semblent avoir des motifs sinon fondés, du moins sérieux, sont encore celles qu'un intérêt commercial a fait entreprendre. Les gouvernemens ont paru jaloux du bien public, lorsqu'ils ont prodigué l'or ou le sang des peuples, soit pour la conservation d'une île perdue à mille lieues en mer, soit pour l'acquisition de quelque monopole ruineux, soit enfin pour le maintien de quelques lois prohibitives qui dispensent l'industrie de progrès, et enrichissent un petit nombre de fabricans au préjudice de la masse des consommateurs. Quelquefois enfin, et surtout entre les gouvernemens absolus, la simple parenté des maisons régnantes, ou de vagues considérations prises dans quelque théorie de la prétendue balance de l'Europe, ont forcé des peuples à s'entretuer sans haine, ou à s'embrasser sans amitié. Le caprice, le hasard ou le préjugé ont dicté les actes, noué les relations, créé les intérêts dont l'ensemble incohérent constitue le Droit public de l'Europe. Ainsi, presque toujours, la politique étrangère est demeurée purement arbitraire. Telle a été nommément celle de la France depuis Louis XIV.

Mais dans ces temps extraordinaires où la société se divise contre elle-même, où des opinions nouvelles soulèvent et rallient la multitude, et traînent à leur suite, avec de nouveaux besoins, des intérêts nouveaux; alors qu'il se prépare ou s'opère des révolutions dans les croyances, dans les lois, dans le gouvernement des peuples, la politique extérieure passe sous l'empire d'une règle, et cesse d'être livrée aux accidens et au bon plaisir. Les opérations n'en sont plus déterminées que par un intérêt de conservation, c'est-à-dire par la nécessité. C'est alors au nom et au profit de l'une des opinions belligérantes que se forment ou se rompent les alliances. La guerre alors n'est que l'effet et l'expression de la division des esprits, comme la paix n'est qu'un témoignage de l'accord des croyances. La fantaisie des gouvernemens, le désir de la gloire, le goût du superflu, l'appat du gain ne sont plus les mobiles de la diplomatie; c'est l'état intérieur, l'état moral des sociétés qui commande leurs relations au dehors. Les gouvernemens despotiques, comme les gouvernemens limités, ceux qui tiennent pour l'ordre existant, comme ceux qui se sont livrés aux nouveautés, trouvent dans leur propre constitution, dans l'esprit qui les anime, la loi de leur politique extérieure. L'Europe, le monde parfois, n'est plus divisé en nations mais en partis, et la guerre générale prend les caractères de la guerre civile.

A de pareilles époques, la conduite diplomatique de chaque puissance est d'avance toute tracée. Il suffit de connaître à laquelle des opinions en crédit elle appartient pour prévoir quelle conduite elle doit tenir, comme à la conduite qu'elle suit on peut deviner quelle opinion a droit de la réclamer. Car si l'une est contraire à l'autre, si la politique d'un gouvernement marche dans un sens inverse de sa propre constitution, ou de l'état moral de la société qu'il représente, cette contradiction décèle ou la plus absurde des méprises, ou la plus perfide des duplicités.

De telles époques ne sont pas inconnues à l'histoire. Ainsi vers le milieu du dix-septième siècle, lorsque toutes les communions protestantes, représentées par les petits états réformés, prétendirent à reprendre leur rang parmi les puissances de la république européenne, on les vit se coaliser sous la bannière de l'indépendance. La foi était l'opinion de ce temps-là; elle décida de la guerre et de la paix. C'est au nom de la foi, c'est dans l'intérêt commun de la Réforme que du fond du nord descendit dans l'Allemagne le héros de cette grande époque. La guerre de trente ans fut une guerre de croyance, et Gustave-Adolphe mourut pour l'esprit de son siècle.

La France alors donna un exemple de cette politique contradictoire qui compte peu les opinions, et commet tout à la force et à l'adresse. Le puissant ministre qui gouvernait le royaume et le roi, ne craignit point de soutenir au dehors la Suède et

les ligues protestantes, tandis qu'au dedans il comprimait les
restes du parti huguenot. Il y avait injustice, il y avait incon-
séquence dans cette conduite; mais en même temps c'était une
faute, et sans aucun doute la monarchie l'a expiée plus tard.
Nous n'hésitons pas à dire avec M. de Bonald, que Richelieu
par cette double marche compromit son propre ouvrage, et
que tandis qu'il s'appliquait avec tant d'acharnement à fortifier
dans toute sa vigueur le principe monarchique, il fut impru-
dent de favoriser la cause de l'indépendance, en soutenant *les
états populaires et les religions populaires* (1). La conduite de
la France au congrès de Westphalie acheva l'erreur de Richelieu, puisque ce fut le congrès de Westphalie qui commença
l'ébranlement de l'ancien système européen, en assurant *à la démocratie* un rang parmi les puissances légitimes, et qui *consti-
tua l'Europe en révolution générale* (2). Il donna en effet,
nous le répétons aussi, nous, mais à sa gloire, il donna, dans
le Droit des gens, la première charte de la liberté de penser.
Nul n'en saurait douter, nous sommes témoins d'une semblable époque : plus encore qu'au temps de Richelieu et de
Gustave, les puissances se classent par opinions, et l'Europe a
revu la guerre de trente ans. Depuis trente années, le sort de la
révolution française a été livré au jeu des batailles. Depuis trente
années, selon l'expression d'un grand ministre, ce sont des
opinions qui s'arment. Elles combattent, les unes pour défendre, les autres pour conquérir. Là, on veut sauver l'ancien
régime; ici, fonder l'ordre nouveau. Point de bataille qui ne
hâte ou ne retarde le triomphe d'une idée. La guerre n'est que
le jugement de Dieu entre les principes.

Telle est aujourd'hui la force des choses, et un seul homme
a pu la détourner un moment. Seul il a pu évoquer à lui les
forces populaires et substituer les besoins de sa gloire aux né-
cessités du temps. Seul, il a été assez fort pour balancer son
siècle. Et cependant il a fallu que dans les deux tiers de sa carrière, il ralliât les intérêts de sa renommée aux intérêts géné-
raux; il a fallu qu'il usurpât les droits de la révolution pour

---

(1) Voyez l'ouvrage où M. de Bonald compare et préfère le traité
de Campo-Formio à celui de Westphalie, tome IV de ses œuvres,
page 398.

(2) Id. ibid. , pag. 399 et 403.

disposer de ses ressources, qu'il mît son pouvoir sous la protection de la cause nationale, qu'il arborât ses aigles sur le drapeau tricolor. A mesure que son empire est devenu plus personnel, son empire s'est ébranlé ; peu-à-peu la révolution s'est retirée de lui ; resté seul, il est tombé.

Après lui, les événemens ont repris leur cours naturel ; les mêmes opinions, les mêmes partis, les mêmes causes se sont retrouvées en présence. Quelle était l'opinion, le parti, la cause de la France ? Poser cette question, c'est demander en même temps quelle devait être sa politique extérieure, d'après le principe que la politique d'un état, comme puissance européenne, est fixée par sa situation intérieure, dont sa contitution doit être l'expression fidèle. Quelle était la situation intérieure, la constitution politique de la France ? Etait-ce l'ancien régime ou l'ordre nouveau ? La France appartenait-elle à la cause du passé ou à la cause du siècle ?

Ainsi nous sommes ramenés à la question fondamentale, dominante et pour ainsi dire unique qui fait la matière du débat des partis parmi nous ; et cette question, dans cette occasion comme dans aucune autre, nous n'avons point prétendu l'éviter.

Au moment de la restauration, comme à celui où nous écrivons, la constitution de la France n'était pas l'ancien régime. Par ce fait seul, la France était donc enchaînée à la cause des idées nouvelles. La famille Royale était remontée au trône de ses pères, il est vrai, mais avec elle n'était point revenue l'ancienne monarchie. La restauration ne devait pas être, elle n'était pas la victoire de l'ancien régime ; c'étaient les idées nouvelles, c'étaient les nouveaux intérêts qui avaient obtenu des garanties. Quelqu'effort qu'on ait fait pour dénaturer l'origine de la Charte, il est vrai que la Charte avait été faite pour la révolution : car sans la révolution, on peut affirmer que la Charte n'eût pas existé. Qu'on ne dise donc point que la révolution venait d'être vaincue. Qui l'eût vaincue ? Ce n'était point le Roi ; il en reconnaissait les droits. Ce n'était pas non plus la coalition ; elle n'avait vaincu que l'empire, et nous venons de le voir, l'empire et la révolution avaient fait divorce. Bien plus, les Souverains, pour le vaincre, avaient eu recours aux idées et aux sentimens de liberté : l'insurrection de l'Espagne, celle de la Prusse, celle de quelques-uns des petits peuples de l'Allemagne appartiennent certainement à la révolution ; car elles contiennent, et déjà plus d'un exemple l'a prouvé, le germe de mort du pouvoir absolu.

Si la restauration ne fut pas, du moins dans ses caractères apparens, la défaite de la révolution, si la France lui dut de redevenir constitutionnelle, rien de plus simple que de déterminer la politique naturelle de la France depuis la restauration. En effet, *les premiers alliés d'un état constitutionnel sont les états constitutionnels comme lui.* C'est une vérité que saisirait la raison d'un enfant.

Cette vérité obtint cependant peu d'influence dans les conseils ; et peut-être dans ces premiers jours faut-il excuser les ministres de l'avoir négligée. Tout alors était difficile, tout était confondu ; gouvernement et nation ignoraient leur rôle ; des revers inouïs, des souffrances humiliantes ne permettaient pas à la nation d'être juste et clairvoyante envers ses récens ennemis ; et le gouvernement ne rencontrait déjà que trop d'embarras et de dangers, sans risquer encore , en quêtant dans les rangs étrangers des amis peu sûrs, de s'attirer des adversaires décidés. Nous étions trop faibles pour trouver des alliés, trop irrités pour en chercher. Parmi nos voisins d'ailleurs, les seuls qui connussent des institutions comparables aux nôtres , étaient les Pays-Bas et l'Angleterre. Les Pays-Bas, sans liberté réelle et de plus sans pouvoir , ne se présentaient à nous que comme un démembrement de notre territoire ; une défiance réciproque était le seul lien entre leur gouvernement et le nôtre. Quant à l'Angleterre, tant de causes puissantes nous séparaient, que les meilleurs amis du pays , que les plus zélés partisans des principes constitutionnels eussent alors déconseillé toute alliance avec le seul gouvernement qui fût conforme à ces principes.

Par une étrange et fatale circonstance, il s'en fallait que la Grande-Bretagne, malgré sa constitution, nous apparût comme liée à la cause de la liberté. Car pour nous cette cause se rattache à celle de la révolution, que la Grande-Bretagne avait obstinément poursuivie. Les raisons de cette inimitié étaient nombreuses. Souvenons-nous d'abord qu'à la naissance de nos troubles les Anglais avaient une injure à venger. L'ancien régime avait commis la faute dans son intérêt, car c'en était une dans l'intérêt monarchique, de seconder l'insurrection américaine : leur gouvernement prit sa revanche par une semblable contradiction, en combattant la révolution française. Tout d'ailleurs dans cette conduite ne fut pas ressentiment ou jalousie. La révolution française tendait à la liberté, et l'exemple de la liberté n'est pas à craindre pour l'Angleterre libre ; mais elle visait aussi à l'égalité, et le spectacle de l'égalité pouvait alarmer l'Angleterre aristocratique. La constitution anglaise, avec tout son mérite, est un ancien régime; et, comme telle, elle redoutait une révolution qui déclarait la guerre au passé. Ces inquiétudes cependant étaient fort exagérées. En s'y livrant, le gouvernement britannique présumait trop peu de lui-même et semblait s'accuser de quelque vice secret qui le rendît accessible à la contagion de l'esprit de réforme. — Et de quoi donc servirait-il d'avoir devancé le reste de l'Europe dans la carrière de la liberté constitutionnelle, si l'aîné des gouvernemens libres devait trembler, comme une monarchie du continent, à l'aspect d'un peuple qui renouvelle ses institutions? — Quoi qu'il en soit, l'alarme fut partagée par le ministère anglais. Il existe un témoignage mémorable de cette malveillante défiance qui saisit alors tout le parti des Torys, dans les écrits amers et véhémens du célèbre Edmond Burke. C'est lui qui sonna contre la France le tocsin de l'aristocratie anglaise. Par malheur son opinion fut celle de M. Pitt; c'est dire assez qu'elle domina l'Angleterre. Voilà comment, pendant vingt ans, cette puissance prit à sa solde tous les gouvernemens absolus, et soudoya tous les rois contre notre révolution, représentée pour elle soit par la Convention, soit par un seul homme. Elle soutint avec acharnement cette longue guerre en tous lieux, par tous les moyens, sous tous les prétextes, accusant tantôt la liberté française d'aspirer à la monarchie universelle, tantôt l'empire français de méditer la révolution du monde.

Deux peuples, qui s'étaient tant combattus et tant calomniés, ne pouvaient ne pas se méconnaître. Pour eux le jour de la paix ne pouvait être celui de la réconciliation; la haine qui les divisait avait toute la vivacité de l'esprit de parti ; et le temps seul devait dissiper les nuages qui les cachaient l'un à l'autre. Ainsi donc il était d'une part bien difficile de pressentir, dès le principe, tous les avantages d'un rapprochement entre les deux gouvernemens; et de l'autre, c'eût été une tentative téméraire et dangereuse pour un ministère qui aurait prévu ces avantages, que d'essayer de les faire comprendre aux deux nations, et de populariser au delà comme en deçà du Détroit, une si nouvelle alliance.

Une circonstance particulière ajourna même pour un temps toute possibilité de raccommodement. Lors de la première restauration, tandis que la froideur hautaine de l'Angleterre vint aigrir encore, pour un peuple généreux, l'amertume de ses maux, un monarque du Nord ; par la douceur de ses manières, par la modération de son langage, obtint une sorte de faveur parmi les Français facilement séduits par la puissance unie à la bonne grâce. Au prix de quelques discours qui ne furent pas sans noblesse, de quelques actions qui ne furent pas sans générosité, l'empereur Alexandre parut un moment le protecteur de la justice et du malheur, le seul qui connût les devoirs du plus fort. Entre les hauts-alliés qui nous inspiraient une défiance égale, un moment l'opinion de la France inclina vers celui qui devait un jour devenir le plus ardent promoteur de la Sainte-Alliance.

Il faut être juste : cette difficulté n'arrêta pas les plénipotentiaires français au congrès de Vienne en 1814. Nous savons avec certitude que l'homme d'état qui dirigeait alors notre diplomatie, frappé de l'attitude menaçante de la Russie, malgré les douces paroles de son maître, osa négocier entre les puissances de l'ouest de l'Europe une alliance dont la France et l'Angleterre étaient l'âme. Malheureusement les événemens intérieurs de notre pays éventèrent cette habile combinaison, et le 20 mars réunit de nouveau tous les gouvernemens contre leur premier ennemi. A la seconde restauration, le ministre qui avait conçu ce projet de défense de l'Occident contre l'Orient, ne tarda pas à porter la peine de sa prévoyance. Nommé par le Roi président du conseil, toutes ses démarches furent paralysées, toute son influence annulée par le ressentiment et la contradiction de la Russie qui ne lui pardonnait point le traité secret de Vienne. Vainement chercha-t-il à se ménager d'autres appuis : les divisions, les nuances s'étaient effacées entre les puissances ; il fut impossible de les opposer les unes aux autres ; un intérêt trop pressant les unissait, celui de profiter de leur victoire. Le caractère des deux principaux représentans de la Grande-Bretagne ne permit pas d'espérer d'elle une diversion utile. Les lords Castlereagh et Wellington étaient loin de sentir qu'il eût été habile et certainement honorable pour leur patrie de prendre un rôle à part, et de ne point se confondre parmi les persécuteurs de notre gloire. Au contraire la Russie, conservant la magnanimité du langage, fit espérer des adoucissemens aux rigueurs de l'Europe victorieuse, si la conduite de nos affaires passait aux mains d'un ministère qui lui fût moins importun. C'est ainsi qu'à-la-fois repoussé par un cabinet puissant et par le parti de la contre-révolution, M. de Talleyrand fit place à M. le duc de Richelieu. Le traité du 20 novembre fut le prix de ce changement.

Loin de nous la pensée de jeter quelqu'ombrage sur les sentimens patriotiques de celui qui souscrivit cette convention douloureuse. Il crut, en la signant, se sacrifier à son pays. On doit même ajouter que l'estime personnelle que lui portaient les souverains, put valoir à la France quelques avantages ou du moins lui épargner quelques injures. Mais il n'en est pas moins vrai que l'effet de l'avénement de M. de Richelieu fut de placer notre cabinet sous l'influence de la Russie. Cette influence, qui se prolongea, parut d'abord salutaire. Peut-être, en effet, contribua-t-elle à retenir notre gouvernement hors des voies de la contre-révolution. Peut-être le soutint-elle contre les attaques du côté droit, lorsqu'au 5 septembre la guerre eut été franchement déclarée. Peut-être enfin servit-elle à hâter, à faciliter la libération de notre territoire. Mais tout changea au congrès d'Aix-la-Chapelle en 1818.

La France, rendue à l'indépendance, venait de se réveiller pour la liberté. L'opinion libérale s'était emparée de la presse ; elle s'était montrée puissante dans les colléges électoraux. Elle rendit l'Europe attentive. La Russie qui n'avait jusqu'alors contrarié les vœux de la contre-révolution, que par crainte de la violence et dans l'intérêt du repos, s'aperçut que la révolution aussi avait ses forces ; et pour le pouvoir absolu toute force qui n'est pas la sienne, est un péril. Vers le même temps il s'était accompli, dans l'esprit de l'empereur Alexandre, un changement qui prépara celui de sa politique. Son imagination religieuse avait achevé de le conduire à l'idée de la sainteté de son propre pouvoir, dont les intérêts étaient devenus *les lois éternelles du monde moral* (1). Dès lors il se sentit appellé par la Provi-

---

(1) Voyez la Circulaire adressée par les hautes puissances réunies à Vérone à leurs ministres près les cours de l'Europe.

dence à une mission conservatrice des trônes; il se crut revêtu envers les peuples d'une haute juridiction spirituelle dont ses huit cent mille cosaques sont le bras séculier (1).

Quoique ces idées, ou d'autres semblables, qui, sans partir d'une source aussi relevée, tendaient au même but, prévalussent au congrès d'Aix-la-Chapelle; cependant elles eurent peu d'effet sur la conduite intérieure de la France. Au contraire, à son retour M. de Richelieu abandonna les affaires à des ministres qui se montraient plus sensibles aux vœux nationaux et aux besoins de la liberté, et qui par conséquent s'éloignaient de plus en plus de la politique orientale. Les rôles étaient changés; naguère on opposait les étrangers au côté droit; désormais ce fut ce parti qui invoqua les étrangers : la fameuse *Note secrète* en fait foi. Le ministère, cependant, au lieu de se créer un parti en Europe, n'eut d'autre soin que de se justifier auprès de la Sainte-Alliance, en la rassurant sur ses intentions et sur ses actes. Il se garda de faire aucune différence entre nos différens alliés et de se prononcer pour un système quelconque de diplomatie. Échappés à l'influence russe, nous ne fûmes point indépendans, car nous restâmes sur le ton de l'apologie avec tous les cabinets.

Quand, quinze mois après, M. de Richelieu revint au pouvoir, il ne trouva donc point la position extérieure de la France gravement modifiée. Seulement sa présence et surtout les événemens qui le ramenaient, nous reportaient davantage du côté des gouvernemens absolus. Le système forcément adopté alors rentrait mieux dans les maximes du congrès de Carlsbad. Depuis on sait comment la politique intérieure et extérieure s'est de plus en plus abandonnée aux doctrines et aux intérêts contre lesquels la charte avait paru donnée.

Cependant tout en déplorant l'inpulsion funeste qui emporte depuis un temps tous les gouvernemens européens, il serait difficile aujourd'hui de rêver un système de politique ayant quelque consistance, et auquel la France put s'adosser pour résister à l'entraînement général, si l'événement le plus mémorable n'était venu élever les premiers fondemens de la digue qui doit un jour arrêter le torrent : je veux parler de la révolution d'Es-

---

(1) Voyez le Discours de M. le vicomte de Chateaubriand à la Chambre des Députés, dans la séance du 25 février dernier.

pagne. Lorsqu'une puissance morale, telle que l'esprit de notre siècle, a paru dans le monde, il peut se rencontrer des momens où, bien que partout présente, elle soit partout la plus faible; les pouvoirs existans coalisés contre elle, la compriment ou la poursuivent impunément; tout semble plier devant eux; le sol s'aplanit sous leurs pas. Et c'est alors que le spectateur inquiet, désespère d'une résistance dont il n'aperçoit ni le germe ni la trace, et se demande comment ces idées qu'il jugeait si énergiques, dont avec tant de confiance il présageait le triomphe, ont cédé sans combat et disparu sans retour; il croit le règne de la force assuré pour jamais, pour long-temps du moins, et, dans sa pensée, lègue à l'avenir les espérances évanouïes d'un siècle perdu. Mais encore un peu de temps, et un accident, je ne sais lequel, éloigné, imprévu, inopiné, viendra tout-à-coup ranimer son courage, et relever l'obstacle que peu à peu grossiront mille obstacles divers : les accidens ne manquent jamais à la force des choses. Telle a été la révolution d'Espagne; elle est la résistance inattendue où viendra se briser la Sainte-Alliance. Comme on voit souvent un bataillon en déroute, s'arrêter et tenir ferme dès qu'il rencontre le plus chétif point d'appui, comme on a vu toute une armée française se reformer autour d'un arbre; c'est autour de la révolution d'Espagne que se réuniront les nations fugitives devant la Sainte-Alliance. Déjà une fois, l'Europe ne le sait-elle plus? c'est au cri de l'Espagne qu'elle redressa la tête; c'est du sein des flammes de Sarragosse que s'éleva le drapeau rouge qui rallia les peuples contre un pouvoir adoré des rois.

Ces conséquences de la restauration des Cortès à Madrid, ont été sur-le-champ pressenties dans les cabinets ministériels comme dans les sociétés patriotiques. Aussi voyez comme depuis trois ans toutes les situations se sont nettement dessinées. Les événemens de Naples et du Piémont en ont donné la première preuve. Dès que le congrès de Laybach a été réuni, on a pu prévoir vers quelle opinion inclinerait chaque gouvernement, et les esprits les plus simples auraient prédit les déterminations des plus profonds diplomates. Il était facile d'annoncer que pendant que l'Espagne fraterniserait avec les gouvernemens essayés, à son exemple, dans le midi de l'Europe, la Sainte-Alliance les frapperait de l'excommunication politique, et enverrait ses soldats les convertir. Quant à l'Angleterre, il était probable que

sans adhérer, pour son compte, à l'intervention dans les affaires d'Italie, elle ne s'y opposerait point ouvertement. En
effet, son gouvernement lui interdisait d'y prendre part, car la
forme en est constitutionnelle, et l'origine révolutionnaire : elle ne
pouvait s'y opposer ouvertement, car, outre que ces révolutions
ne lui inspiraient pas confiance, son principal ministre, par
ses antécédens, son caractère, ses maximes, ses vœux secrets,
avait contracté trop d'engagemens avec l'aristocratie européenne pour lui rompre en visière. Enfin la France, spectatrice
tranquille, devait évidemment éviter de se prononcer, déplorer
et condamner la révolution, sans en presser le châtiment, don-
ner sa nullité pour de la prudence et son irrésolution pour de
l'impartialité. La position du ministère de M. de Richelieu ne
lui permettait pas d'autre conduite. Appuyé sur un parti contre-
révolutionnaire, comment aurait-il pu défendre ou épargner
une révolution ? Prétendant au titre de constitutionnel, comment aurait-il pu se liguer activement avec le pouvoir absolu ?
Il s'appliqua donc à traverser adroitement les congrès comme les
deux chambres, sans avoir un avis. Cela le sauva jusqu'au
moment où cela le perdit ; et après sa chûte, il ne put jamais
comprendre qu'il fût tombé pour avoir si bien réussi.

Le ministère actuel a pris des couleurs plus décidées ; les
méprises sont désormais impossibles. Quand les gouvernemens
renoncent aux palliatifs, les peuples renoncent aux transac-
tions. Jamais l'Europe ne s'est divisée d'une manière plus tran-
chée, plus conséquente, plus systématique ; et la politique
étrangère, cette science long-temps occulte, est comprise et
pénétrée jusque sur les places publiques. Tandis que tous les
gouvernemens absolus se sont placés d'un côté, professant hau-
tement leurs doctrines, et s'appelant eux-mêmes par leurs noms,
les partis libéraux de tous les pays se sont reconnus, et tous les
états constitutionnels semblent prêts à s'entendre. La question de
la guerre d'Espagne est l'épreuve décisive qui nous jugera tous.
La Grande-Bretagne enfin, si long-temps méconnue parce
qu'elle se méconnaissait elle-même, la Grande-Bretagne a re-
trouvé ses titres et repris sa mission. La mort soudaine et tra-
gique d'un seul homme semble l'avoir éclairée. On dit que le
marquis de Londonderry, averti par une situation extrême et
frappante, avait enfin reconnu la longue erreur de sa politique,
et senti la nécessité tout ensemble et l'impossibilité de répudier

si tard l'héritage de M. Pitt. Soit que la douleur de cette décou‑
verte l'ait conduit à la démence, et la démence au suicide ; soit
que le désespoir l'ait décidé seul à se soustraire par la mort à la
nécessité, n'y a-t-il pas pour tous ceux qui gouvernent la terre
une leçon triste et grave dans l'étrange fin d'un ministre d'une
expérience si imposante, d'un esprit si froid, si opiniâtre, et
qui s'immole lui-même, vaincu par l'évidence, également in‑
capable et de lui résister et de la suivre ?

La même évidence paraît avoir déterminé jusqu'ici la conduite
si remarquable de son successeur. M. Canning, en se relâchant des
rigueurs du torisme, a obtenu un succès inconnu depuis nom‑
bre d'années ; il a réuni tout le parlement et replacé l'Angleterre
qui se traînait sans ardeur et sans dignité dans les voies de la
Sainte-Alliance, au rang où l'appelait son droit d'ancienneté
parmi les nations libres.

Quelle est la puissance d'une situation vraie ? L'Angleterre
s'est déclarée pour l'indépendance de l'Espagne et du Portugal ;
et aussitôt les ressentimens, les préventions se sont affaiblies ; la
Grèce soulevée a mis de l'espoir dans une influence dont elle
avait tant souffert ; la France, la vraie France qui n'est pas celle
que l'on en croit à Vérone, a oublié ses injures ; les états cons‑
titutionnels de l'Allemagne ont osé se séparer des hauts alliés ;
tous les pays qui furent libres ou qui vont l'être, tous les hommes
qui aiment la justice, les lumières, le patriotisme, ont tourné
les yeux vers l'Angleterre, l'asile et l'orgueil de la civilisation.
Puisse-t-elle cette fois enfin répondre franchement à leur con‑
fiance ! C'est son intérêt comme sa gloire.

Mais lorsque tout se produit au grand jour et que la théorie
des alliances naturelles se découvre ainsi d'elle-même, que pen‑
ser, nous le demandons, d'un grand état constitutionnel qui
fait scission de tous ceux du même genre, pour s'allier aux gou‑
vernemens absolus ? S'il est vrai que la politique intérieure d'un
pays règle sa diplomatie, et que sa diplomatie révèle à son tour
sa politique intérieure, que penser d'une puissance qui prend
sous sa garde la cause de l'arbitraire contre la loi, des abus
contre l'ordre, des priviléges contre les droits ? Ainsi fait la
France, en se déclarant ennemie de l'Espagne. — On ne man‑
quera pas de dire que la France est une monarchie constitution‑
nelle, et l'Espagne un régime révolutionnaire. Mais d'abord
qu'il serait aisé de prouver qu'aucune légitimité ne manque à la
constitution des cortès ; qu'elle n'est dépourvue ni de la sanction

du temps, puisqu'elle dérive des chartes locales des anciens royaumes dont s'est composée l'Espagne ; ni de l'assentiment royal, puisqu'en d'autres temps le prince l'avait ratifiée ; ni de la consécration des traités, puisque deux grandes puissances l'ont une fois reconnue ; ni de la justice essentielle, puisqu'elle a été nécessaire ! Et puis, d'ailleurs, la question est bien plus simple. Si l'on accorde que l'analogie dans les institutions soit la meilleure base des alliances, qu'on nous dise quelle organisation politique offre le plus de ressemblance avec la nôtre, de la constitution de l'Espagne ou de celle d'aucun des gouvernemens de la Sainte-Alliance. La réponse n'est pas douteuse, et elle suffit. Il importe peu que la charte de Cadix ait ses imperfections, il importe peu qu'elle ne soit pas la nôtre ; car de quel droit décider que ce qui est bon pour nous le soit pour les Espagnols ? C'est assez que la constitution des Cortès ressemble plus à notre charte que l'autocratie russe. Ce simple fait crée plus d'intérêts communs entre la Péninsule et nous qu'entre nous et la Russie.

La nature semble l'avoir indiqué d'elle même, ce système d'alliance que dictaient à la France sa gloire et sa liberté : placée entre la vieille Angleterre et l'Espagne nouvelle, notre charte aurait été le lien et la transition de l'aristocratie britannique à la démocratie castillanne. Cette triple alliance serait forte et tutélaire ; elle attirerait à elle les Pays-Bas, pour qui les rapports de commerce sont plus puissans que les relations de parenté ; la Bavière, le Wurtemberg qui se maintiennent difficilement contre un voisinage redoutable ; enfin ceux des états d'Allemagne, qui sont affranchis ou aspirent à l'être, tous accoutumés à la protection de la France. Tels seraient les élémens de cette grande confédération de l'Occident, la sauve-garde de la civilisation, *le pacte de famille* des nations libres.

Ce système est simple, et comme il est la conséquence d'un principe évident, le système opposé suppose un principe contraire. Notre principe étant le maintien de la charte, je laisse à dire quel est celui de nos adversaires. Demandons-nous ce qu'aurait fait dans les circonstances le ministère précédent : soigneux de ne se point prononcer, il eût flotté, neutre entre le pouvoir absolu et les pays libres, comme en France, il oscillait entre la contre-révolution et la révolution. Que fait le présent ministère ? Non content de dédaigner, de braver les puissances constitutionnelles, il va chercher des auxiliaires chez les gouvernemens les plus illimités. Bien plus, il les excite, il les provoque, il les compromet. Ce n'est pas assez de leur adhésion , il lui faudrait leur secours. L'Autriche ne lui suffit pas , il implore l'assistance du plus asiatique des rois de l'Europe...

Cette conduite est d'un sinistre augure. Mais que du moins ceux qui la suivent ne s'étonnent plus si elle jette l'alarme ; qu'ils ne s'étonnent plus si la guerre qu'ils projettent est impopulaire ; car elle semble inconstitutionnelle. Qu'ils y prennent garde, et qu'ils s'arrêtent pendant qu'il en est temps encore ; les peuples auxquels ils veulent imposer la guerre pourraient se croire menacés également ; et peut-être qu'ils diraient à leur tour : *Il n'y a plus de Pyrénées.*

Imprimerie ANTHELME BOUCHER , rue des Bons-Enfans , n°. 34.